아보카도 나무가 있는 정원

아보카도 나무가 있는 정원

허정 시집

시인의 말

시집 한 채를 오롯이 짓는 동안
계속되는 실존과 가상의 카오스 속에서 허우적거렸다
어쩌면 이 시집에 눌러살고 있는 여러 인물과 동물이
내가 만든 메타버스 안에서 가상 연기에
몰입하고 있는지도 모른다

차 례

● 시인의 말

제1부 빨간 웃음

고흐와 나 ─── 14
드라이플라워 ─── 16
땡겨요 ─── 18
곰소 ─── 19
달월에서 월곶 ─── 20
구두 닦는 성자 ─── 22
우설牛舌의 정치학 ─── 24
전복의 꿈 ─── 26
빨간 웃음 ─── 28
어떤 호명 ─── 30
이분도체 ─── 31
붓꽃 피는 그 집 ─── 32

제2부 가을은 수레바퀴를 밀고 온다

소래포구 ——— 36

집 짓는 사내들 ——— 38

광부에게 ——— 40

우산 프로펠러가 달린 헬리콥터 ——— 42

옥사우나 신부님 ——— 44

황 씨의 수전증 ——— 46

목수의 아내 ——— 48

광화문에서 택배를 보내다 ——— 50

원근법 ——— 52

조선 최초의 우주비행사 ——— 53

가을은 수레바퀴를 밀고 온다 ——— 54

9호선 ——— 56

제3부 글자 감옥

각角을 말하다 ——— 58

닫혀버린 입 ——— 60

독재자의 신문 ——— 62

꼬꼬댁 꼬꼬 도꼬 ——— 64

씨부렁거리는 밑창 ——— 65

타박 고구마 ——— 66

왈왈왈 ——— 67

저승사자의 노래 ——— 68

글자 감옥 ——— 70

코스모스 꽃잎 위로 비의 공습이 ——— 71

싸락눈 ——— 72

제4부 나진국밥

나진국밥 ──── 74

녹우 ──── 76

미역 ──── 78

아랫배 ──── 80

엄마가 되어가는 중입니다 ──── 82

감자 수제비 ──── 84

선운사 애기동백 ──── 86

짜장면 그리고 말 울음 소리 ──── 87

밥 무덤 ──── 90

공수래공수거 ──── 91

제5부 적도의 딸

적도의 딸 —————— 94

몸피체 편지 —————— 96

킬로토아 호수의 늙은 당나귀 —————— 98

천사와 악마 —————— 100

세상의 끝 그네 —————— 102

아보카도 나무가 있는 정원 —————— 104

이방인 —————— 106

피카소 호텔에는 피카소 그림이 없다 —————— 108

제6부 넥타이의 시간

날아다니는 꼬리뼈 ─── 112

녹동항 ─── 114

넥타이의 시간 ─── 116

낡은 구두 ─── 118

명함 ─── 120

블라디보스토크로 간다 ─── 122

불일암 가는 길 ─── 124

해탈문 ─── 126

붓다처럼 ─── 128

대나무에 꽂히다 ─── 130

▨ 허정의 시세계 | 박남희 ─── 131

제1부

빨간 웃음

고흐와 나

압생트 한 병을 놓고
고흐와 나
러시안룰렛 게임을 한다

권총의 탄창 속 해바라기는
회전식 연발로 꽃을 피웠다

꽃의 수술 같은 공이가
딸각, 헛발질을 할 때
고흐와 나
마주魔酒를 마신다

우리가 사랑했던 것은
귀가 잘린 자화상
탄창에 남은 마지막 한 발의 황금빛 탄환
그리고 테오
사랑하는 아우여

고흐는 노란 물감을 탄

압생트를 마시고

나는 술잔에 빠진 고흐의 귀를 건지려

초록빛 독주를 마신다

드라이플라워

나를 죽여서라도 당신의 나라로 데려가세요

로즈 마리

나는 그녀를 남미의 꽃시장에서 만났고
내 손에 안겨진 순간
그녀에게 그런 이름을 지어 불렀다

마리는 여느 남미 처녀와 같이 깊은 잠을 잤고
아침이면 비타민나무에 앉은 새소리에
잠에서 깨어났다

마리는 일주일 밖에 살 수가 없으니
나는 그녀를 죽여서라도
내 곁에 두고 싶어졌다
나는 마리의 꽃잎을 하나씩 떼어 테이블 위에 놓았다

햇빛은 매일 아침 그녀의 창을 찾아들고

그때마다 마리의 몸은 가벼워졌고
목요일엔 두 다리가 공중에 붕 떠올랐다

나는 '참을 수 없는 존재의 가벼움'이란 책을 열어
첫 장부터 한 장씩 마리의 분신들을 채워 넣어서
비행기를 탔다

바람이 몹시 부는 어느 날
로즈 마리는
모자이크된 몸을 서서히 일으켜
나를 안고 가만히 입을 맞추었다

땡겨요

비요일 오전은 시시껄렁함이 땡겨요
혜화동 골목길에서 만난 노란 우산이 땡겨요
빗방울에 묻어 있는 코코넛오일 냄새가 땡겨요
노란 창포꽃 머리띠를 두른 그녀의 머리 냄새가 땡겨요
베란다에 놓인 수레국화의 씨앗이 땡겨요
비요일 오후에는 라테가 땡기고 에그 타르트가 땡겨요
의자를 당겨 앉으세요 그녀의 혀끝이 땡겨요
그녀의 목덜미에 꽂힌 좀비의 송곳니 자국이 땡겨요
성부와 성자와 성령의 이름으로 땡겨요
땡겨요를 거꾸로 말하는 요겨땡도 땡겨요

곰소

밭에서 파도를 일구어 만든
곰소의 소금은
소곰이라 불러도 좋을 듯

곰소 삼거리 중국집에서 짬뽕 먹다가
곰곰이 생각나는 옛사랑

곰소에서의 지금은
지곰이라고

금지된 사랑은
곰지된 사랑이라고
불러도 좋을 듯

달월에서 월곶

어젯밤 꿈에 달이라도 품었으니
당신, 새벽 비 소식에 답신을 보냈네요

오늘 밤 달의 여정은 수인선을 타서
달월에서 월곶을 지나간다고 하네요

당신, 가슴께에서 사라진 커플링 목걸이가
열차에 거꾸로 매달려 있는 것을 보았나요

갯벌을 뚫고 나온 달도 열차에 몸을 실어 쉬어가는 밤
달이 열차의 차창 아래에서 꾸벅꾸벅 졸 때
당신, 폭죽놀이에 아이처럼 통통 뛰었던 시간들을 잊을 수 있겠어요

오이도에서 달은 무임승차를 하고 달과 나
머리에 머리를 맞대 깜박깜박 졸고
당신도 달도 반쯤 정신을 잃고 실신했었죠

달이 뜨고 달이 졸고 달이 열차에서 내리는 동안

당신, 옆자리에 앉아 졸고 있던 달맞이꽃이 열차의 창문을 열고

달빛에 맨살이 비치는 레일 위로 뛰어내린 사실은 모르시겠죠

구두 닦는 성자

1.5평 컨테이너 박스는 고해소다

두구두구두구
고해성사를 하러 구두가 몰려온다

성자는 밤새 자물쇠를 채워 둔 귀를 연다
고해소의 작은 창으로 날아드는
한 마리 벌

성자님
저는 후처의 자식으로 태어나자마자 아버지를 죽였습니다
저는 수녀님의 얼굴을 떠올리며 수음을 하였습니다
저는 이혼하기 전 남편의 얼굴에 염산을 뿌리려 했습니다
저는 재혼 상대 여성을 찾기 위해 거짓 세례를 받았습니다

신도님
저는 당신의 발을 보고 구두를 닦습니다
행복한 발을 상상하면서

발이 행복하면 구두도 행복해지거든요

성자의 코가 구두코에 가까워질수록 고해소가 환해진다

우설牛舌의 정치학
— 스테이크를 썰며

어느 목장에서 어린 시절을 보냈는지
형제는 몇이었는지
사랑받고 살았는지
포크와 나이프는 묻지 않는다

혀 짧은 미식가의 입맛으로
등짝에 바둑판 금을 긋고
등심의 일부를 살짝 맛본 자가
우설牛舌의 부드러움마저 읽는다

늙은 소인지
어린 소인지
출신이 어디였는지
그런 남루한 기준이 아니라
잡식성 동물의 입맛으로만

양날의 혓바닥이
꽃피는 마블링을

맹수의 식욕으로 찢어발기는
그 달콤한 육즙의 카타르시스

전복의 꿈

이미 이빨은 뽑혔다

방패처럼
둥지처럼
부르면 금방 어머니가 달려 나올 것 같은
동그란 창이 유람선처럼 열려 있는
무덤이 곧 너의 집

서슬 퍼런 칼날을 입에 물고
운명의 전복顚覆을 꿈꾸는가
전복全鰒이 전복顚覆을 도모하는가

꿈꾸는 명예
꿈꾸는 아집
꿈꾸는 독선

껍데기만 남은
오색 섬

눝에 엎드려 울고 있다

빨간 웃음

실낱같은 인연 하나 스친 적 없는 길냥이를 묻기 위해
삽과 괭이를 든다는 것은

나의 무덤을 내 손으로 파 보는 예행연습 같은 것

겨울나무의 얼어붙은 뿌리와 뿌리 사이
강보에 싸인 아기의 부피와 질량이 덮일 만큼
구덩이를 파는 동안
이 말도 되지 않는 인연에 대해 생각한다

산길에서 우연히 만난 녀석의 푸석푸석한 사체와
갈참나무 옆에 기대어 있던 삽과 괭이는
왜 우두커니 서서 나를 바라보고 있었는지

왜 나는 그곳을 그냥 지나치지 못하고
언 땅을 괭이로 파내고 그 자리에 낙엽을 깔고
시신으로 만난 인연을 다듬잇돌 크기의 구덩이에 눕혔는지

왜 그때 하필이면
겨울 햇빛이 녀석의 흰 이빨에 반사되어
내 눈동자에 빨간 웃음으로 박혔는지

어떤 호명

스님
스님

산모롱이
도마뱀 꼬리 감추듯
사라지는
얼굴 없는 목탁

어이, 거기 앞에 가는 땡중

휙
돌아보는

장삼을 걸친
산 그림자

이분도체

붉은 마대 자루
어미의 등에 업혀 본 적 없는
돼지 반쪽 몸통

냉동 장의차에서 내려
흰 시트가 깔린 침대로 가는 동안
태양은 거북목을
구름 속으로 감추었다

잠시 후
현란한 칼춤을 출
정육 가공사의 등에 업혀

어부바
어부바

붓꽃 피는 그 집

　전남 구례군 토지면 운조루 고택 옆 기와를 잇는 백오십 년 된 한옥 행랑채 여덟 칸마다 지리산 구름도 나그네와 말도 쉬어가는 곳 문수사에서 흘러 내려온 계곡물이 마당을 가로질러 화엄사까지 닿는 섬진강 은빛 재첩 껍데기를 깔아놓아 도둑도 귀신도 바스락거리는 집 마당 대숲의 직박구리 노랫소리 맷돌에 고인 물을 먹으러 오는 참새 매운 아삭 묵은지 고수 나물 장아찌 엄나무순 장아찌를 찬으로 내어 오는 소담스런 여수댁 안주인을 닮은 철쭉 금잔화 붓꽃 자목련 작약 매발톱 구례의 하늘 바람 햇빛을 함박 담은 부처의 얼굴을 닮아가는 바깥주인 나그네가 툇마루에 앉아 쑥 취나물 다래 순을 뜯어 집으로 돌아오는 주인을 반갑게 맞이하는 운석정 그 방에서 차르륵 차르륵 흐르는 물소리 컹컹 개 짖는 소리 재첩 껍데기들의 하품 소리 베개 삼아 나무아미타불 관세음보살 하룻밤 자고 일어나면 재첩 껍데기 같은 번뇌를 마당에 던지고 뜰 안의 작약으로 피고 붓꽃으로 피고 참새가 되고 직박구리가 된다 쌀뒤주를 눈에 띄는 곳에 두어 가난한 사람들에게 밥 한 끼 먹이고자 했던 운조루 기와를 어깨동무하고 있는 운석정에는 굴뚝이 낮고

작약이 낮게 피고 붓꽃이 낮게 피고 마당 가운데를 가로지르는 물이 낮게 흐르는 그 집에는 재첩 껍데기처럼 비우고 비운 뒤에만 쌓이고 쌓이는 사각거리는 복을 누리는 아름다운 부부가 산다

제2부
가을은 수레바퀴를 밀고 온다

소래포구

갯벌에 물이 들어오면
젖가슴까지 바닷물이
차르륵 차오르면
뱃머리를 치켜들어 배를 띄우자

한 발 빼면
한 발 다시 빠지는
우리네 삶 자체가
발목 붙잡는 갯벌 아니더냐

별빛처럼 촘촘한 그물을
바다에 던져
그물코 사이로 숭숭 빠지는
달빛 한 줌이라도 건지자

새우 젓갈을 담근 것처럼
짜디짠 세상
간장에 애간장을 녹여 넣어서

긴장 계장이라도 담그자

집 짓는 사내들

오뉴월 땡볕 아래
십자가를 지고 골고다 언덕을 오르는
사내와 딱 마주쳤다

흘깃 그 눈빛을 본다
나는 개와 산책 중이었고
그는 철근 한 묶음을 어깨에 메고 있다

나는 고개를 숙였다
숭고한 노동의 땀방울 앞에
굴복했다

생生이란
가까운 허공에서 먼 허공으로
내가 깔아 놓은 한 장의 널빤지 위로
아슬아슬한 걸음을 떼는 것
굽은 등 펼 때 먼 하늘을 잠깐 바라보는 것

사내들

공허한 4층 높이 하늘에서

구름 위를 걷는 퍼포먼스를 보여 준다

광부에게
― 광명동굴에서

나는 눈을 뜨면 산의 배 속으로 출근한다

산의 옆구리를 뚫고 들어가
오장육부를 헤집고
다시 지하로 내려간다

어제 뚫어 숨통이 튼 길
그 길의 끝에서
다시 오늘 내가 가야 할 길을 낸다

두더지처럼 발톱이 빠지도록
산의 살점을 뜯어내고 파낸 길은
나의 무덤이 될 수 있는 길

내 앞에 놓인 산
이 거대한 산의 속을 부수고 뒤집어
제풀에 무너질 때까지
파고 또 판다

정수리에서 장화까지
육수가 흘러내린다
장화를 거꾸로 뒤집어 비워내고 비워내는
고달픈 하루

곡괭이 끝에서 파란 잉걸불 같은
시간의 파편이 튄다

우산 프로펠러가 달린 헬리콥터

상추 1,000피트
마늘 3,000피트
두릅 5,000피트
더덕 10,000피트

지상의 한 곳
영하 십이 도의 칼바람을 막아주는
우산 프로펠러가 네 개 달린
반파된 헬리콥터 있다

지붕도 가판대도 없는
고잔역 보도블록 위에 세운
밥상 보자기만 한 난전 가게

몸뻬에 흑장미 어둠이 깔려도
더덕공주
두릅왕자
마늘손자의 진한 향내에 취해

1,000피트, 5,000피트, 10,000피트 상공으로

봄 향기를 타고 날아가는

헬리콥터 할머니 있다

옥사우나 신부님

노란 팬티 입은 목욕탕 신부님

빨간 때밀이 수건 한 장
손에 끼워 탁탁 두드리면
건물주도 조폭도 국회의원도
죄다 발가벗고 눕는다

주여 못난 인간의 때를 사하여 주소서

앞으로 돌아
뒤로 돌아누워
좌로 굴러 우로 굴러

물세례로 세상에 찌든 때까지 씻어 주는
세신사

추악한 마음까지 정갈하게 하는
세심사

팬티 안의 물건이 부르터도 좋으니
물기 마를 일이 없었으면

황 씨의 수전증

황 씨는 언뜻 보면 노인이다
깊은 주름 팬 이마
누런빛이 감도는 황태를 닮은 눈동자

두 딸이 있다고 했다
육 년 전 이혼하고 아파트를 아내에게 넘겼다
그의 원룸에는 하룻밤을 즐기려는 술병이 들락날락거렸다

공사판 반장이 재차 물었다
당신 근무 중에 술 마셨어?
아뇨 어젯밤에
~~~

그때 그의 손은 눈치 없이 떨렸고
그는 다른 손으로 떨고 있는 손목을 붙잡았다

별빛이 내리는 검은 밭
황 씨는 원두막에서 농꾼들과 밤새 술을 푼다

농사지은 반은 이웃들에게 퍼 주고
나머지는 떨고 있는 가여운 손을 위해
술을 푼다

날이 밝자
이름 모를 승합차에 몸을 실은 황 씨는
하루 치 술값을 벌기 위해 파주로 떠났다

목수의 아내

꿈을 꿀 때마다 목수는 새집을 짓고 그 집은 곧 허물어진다
휠체어에 탄 잘려진 통나무 하나 산책을 나간다

목수가 허리에 찬 연장 벨트를 풀 때는 일을 마치고
아내를 안을 때다

권총 주머니를 차고 카우보이처럼 허공에서
쾅쾅 못을 박을 때 목수는 무법자이고 예술가다

  중심을 잃고 떨어지는 물체에 대해서 콘크리트 바닥은
관대하지 않다
  목수가 허공에서 발을 헛디뎠을 때 집은 평형수를 잃은
배처럼
  백팔십도로 뒤집힌다

  사람의 뼈는 쇳조각을 경멸한다
   조각난 고관절은 나사로 짜깁기되어 건축물의 뼈대를 겨
우 유지한다

목수의 아내는 병실 구석에 새로운 살림집을 꾸민다

목수는 잠이 들자마자 권총을 뽑는다
콧속에서 총알들이 발사된다
내일을 향해 쏴라*

발이 잘려 몽당한 침대 위
목수의 아내가 목각인형처럼 앉아 있다

* 미국 영화 제목.

광화문에서 택배를 보내다

충무공 이순신 장군은 지상에 있다
남산에서 케이블카를 타고 내려오는 시원한 바람을 쐬면서
웨스틴조선호텔에서 서울의 야경을 즐기고 계신다
서울의 달 아래, 이충무공의 발아래, 시청역 지하도에
음습한 동굴로 연결된 통로가 있다
전철을 타고 지상으로 나가지 못하는 그곳은, 산 자의 무덤
산소호흡기로 소주병을 달고 호흡마저 술에 찌들어 있는
저들
종이 박스로 해와 달을 가리며 가족의 얼굴마저 가리는
부패한 영혼의 시취屍臭를 풍기는, 인생의 패자인 척 하는…

충무공이시여
동상에서 발을 뽑아 지하도가 쩡쩡 울리도록 밟아 주소서!
누군가의 아버지이자 남편이고 자식인 저들을
꿈 없는 잠에서 깨어나도록 하게 해 주소서

이 사람들아
이 답답한 양반들아

어디서 왜 이러고들 있느냐

광화문에서 그들의 고향 집 앞으로 인간 택배를 발송한다

원근법

나무 의자의 모퉁이 끝에
일렁이는 나뭇잎 끝에
서걱이는 풀 더미 끝에
꿀렁거리는 다리 난간 끝에
전철 역사의 파란 지붕 끝에
대학병원의 하얀 건물 간판 끝에
사마귀처럼 매달려 청소를 하는
구름의 끝자락 같은 한 사람

조선 최초의 우주비행사

조선 최초의 우주비행사 사도세자
쌀 뒤주 캡슐 속에서 산소마스크 없이 며칠을 버티는지
자궁 속 태아의 자세로 새우처럼 구부려 얼마나 견디는지
무중력의 공간 속에서 눈알이 튀어나올 만큼 악을 쓰고 울부짖기
대기권 밖 초고압력 뚫고 캡슐 속에서 비상 탈출 시도하기
사도세자는 혹독한 훈련 도중 낙오자가 되고 말았지
극한의 훈련을 시작한 지 일주일 만에 영조의 기대에도 불구하고
사지가 뒤틀리고 피부가 터지는 훈련을 견뎌내지 못하고
시뮬레이션 우주 캡슐 속에서 영원히 잠들고 말았지
조선 최초 우주비행사 양성프로그램은 불발로 끝나고
우주선을 타고 화성으로 날아가지 못한 사도세자
지상의 수원화성에서 명예로운 조선 최초의 우주비행사로 남겨졌지

가을은 수레바퀴를 밀고 온다

골룸처럼 허리가 꺾인 노인이 쌓은 종이의 집
가을은 수레바퀴를 밀고 온다

알파 베타 델타 람다로 변이하는 가을
벨기에 셰퍼드가 쿵쿵거리는 코로나 가을이 온다

서울 하늘에 세 들어 사는 달도 월세에 한숨 쉬며
마포대교에 한 다리 걸친 달빛에도

도서관에 틀어박혀 삼각 김밥으로 한 끼 식사를 때우는
취업준비생에게도 가을은 온다
1, 2, 3 금색 띠를 벗겨내는 순서대로 열리는 삼각지대의
청춘

 허리가 꺾인 셰퍼드가 쿵쿵거리는 마포대교에 한 다리를
걸친
 삼각 김밥의 계절이 다 지나가도록

서늘한 가을이 온다

음산한 가을이 온다

혹독한 가을이 온다

9호선

베르길리우스*에게 이끌려 지옥으로 간다
필리핀 사모아제도에 징용으로 끌려간다
포승줄에 묶여 북으로 압송된다
시베리아 벌목공으로 두만강을 건넌다
황해를 건너 중국으로 밀입국한다
군용트럭에 실려 춘천 소양호를 건너
전방으로 전방으로 양구 펀치볼로 자대 배치 받으러 간다
자동문이 열리면 자동으로 33편의 지옥 구덩이
눈 앞에 펼쳐지는 아수라

* 단테의 『신곡』에서 지옥으로 단테를 안내한 시인의 이름.

제3부
글자 감옥

각角을 말하다
— 곰국을 끓이며

본디 너는 각角이 없는 짐승이다

코뚜레 사이로 연신 쉭쉭 뜨거운 숨을 내쉬며
해가 뜨면 일터로 나가고
해가 지면 뚜벅뚜벅 집으로 돌아오던
순하디순한 짐승이었다

그 소걸음은 냉동고 안에서 뚝 멈추었다
싱크대 개수구로 뼈와 살 속 깊이 남아 있던
붉은 한 생애의 궤적이 흘러 들어간다

소! 우매한 짐승이여
너의 길은 여기까지가 끝이다

그러나 '죽음을 기억하라'*
칼날 앞에 찢겨지고 발겨진 육체를 기억하라

불가마 속에서 뼛속 깊이 박힌 순종의 골수를 건어내라

숨어 있는 수백 조각 혁명의 뼈로
날카로운 각角을 세워

하수구로 흘러가는 삼월의 봄을
게으른 풀밭에 누워 있는 너의 등짝에
되돌려다오

* 라틴어 "메멘토 모리Memento Mori" 인용.

닫혀버린 입

나무가 닫아버린 입이었나?

가시는
말이 새어나갈 틈도 없는
뾰족한 입을 가지고 있다

낫으로 아까시나무를 베려고 하자
입이 창으로 변하여 손가락뼈 사이를 찔렀다

가시는 이틀간을 내 몸속에 들어와 살았다

나는 가시보다 몇 배나 넓게 내 살점을 파내고서야
몸속에 있던 앙금의 촉을 걷어냈다

아까시
아까시
내게 무슨 말이든 해 보렴

가시에게 넌지시 손을 내밀자
뾰족한 입들이 뭐라 재잘거린다

독재자의 신문

두 폭 병풍 너머
가부좌를 틀고 앉은
우리의 독재자

쟁반을 엎어 놓은 듯
닫혀 있는 머리 뚜껑

에헴
쯧쯧쯧

귀신들과 접신을 마치고 만들어진
대가족 연설문

나라 꼴이 이 모냥이니
내 집안 꼴이 영 말이 아니제

밥상에서 고등어 꼬리가 될 때마다
질금거리는 우리들 오줌보

식어버린 콩나물국에
뛰어드는 활자들

꼬꼬댁 꼬꼬 도꼬

양계장 주인이 암탉에게 말했다
"미안혀 니 새끼들을 팔아서 내 새끼들 공부시켜야 허니께,
 하는 수 없잖여"

암탉의 답
"<u>꼬꼬댁 꼬꼬 도꼬</u>"
(됐꼬. 그건 댁의 사정이꼬, 내 알라들을 돌리 도꼬)

씨부렁거리는 밑창

넌 항상 내 발밑이야

밑창에겐 내가 하늘이고 신神

평생 바닥에 깔려 살 운명이었으니

진흙길, 자갈길 마다 않고 잘도 져다 날랐구만

광덕산 꽃빛공원 오르다 일 나 부렸네

밑창이 들고 일어나 부렸어

두 눈깔을 부라리며

악어 입을 쩍 벌려 노려보니

두 마리의 악어가 한입에 잡아먹을 기세

어느 귀신이 내 발목을 붙잡았나

씨부렁거리며 달그락거리며 산을 내려와

악어의 이빨을 뽑아 돼지 본드로 입을 막아 버리니

밑창은 다시 바닥에 납작 엎드렸지

"제깟 놈이 밟힐 걸 왜 깝죽대 깝죽대길."

길바닥이 밑창에 대고 씨부렁탕탕탕

타박 고구마

호박고구마 봉지에 슬쩍 발 담궈 따라 온
살짝 괘씸해지기도 하는 타박 고구마
호박도 밤도 아닌
내세울 만한 특장점도 없는 놈이니
김치를 얹어서 먹거나 막걸리를 곁들여 먹지 않으면
목에서 턱 하니 걸린다
방아쇠를 뒤로 한번 당겨야 다음 총알이 장전되듯이
이놈을 먹기 위해서는 목젖을 한번 장전해야 한다
변방에서 해풍이나 맞으면서
시대가 오로지 튀는 놈들만의 세상이라 개탄하면서
타박하면서,
목구멍에 딸깍 한 방 쏘아버리려고
질식탄 장전하는 타배기 고구메*
고구마에도 꽃 피는 날이 올 거라며

* 타박 고구마의 경상도 방언.

왈왈왈

어느 날 키우넌 개가 말문이 터져 입을 열었다
인간아 너 왜 인생을 그렇게 사냐
무슨 시답지 않은 시 나부랭이 쓴다고
잘 자다가 빗소리에 시체처럼 벌떡 일어나서
빗줄기 한 단 잘라내어 국수를 삶고 싶다는 둥
귀신 씻나락 까먹는 말도 안 되는 소리 좀 하지 말고
제발 영양가 없는 시 쓴다고 잠 좀 깨우지 마라
아예 이렇게 글로벌스럽게 쫌 쓰면 안되나
오늘은 개 님들이 일 년에 한 번 말문을 여는 날
억눌림 끝에 내뱉는 그 말들이 곧 신의 글*이다
아! 쉬 참느라 혼났네
주인 양반 어여 쉬 하러 산책 나갑시다

* 신의 글 : 보르헤스 전집에서 인용.

저승사자의 노래

낮의 길이가 가장 긴 날 오후

황천길로 데려갈 저승사자의 신분으로
횟집 주인에게 명했다

납작한 놈
머리 큰 놈
여드름 난 놈
다리 긴 놈

횟집 주인은 잘 벼려놓은 칼로
절정의 고수답게 칼춤을 춘다

나는 삶과 죽음의 경계에 놓인 자들의
눈빛을 애써 피한다

광어 우럭 멍게 낙지는
바다를 떠나면서 꽃이 되었고

도미린 육지에 올랐다

흰 접시에 펼쳐 놓은 꽃잎
차갑지만 아름답다

글자 감옥

책에서 글자들이 탈출한다
가름끈을 잡고 책의 봉우리 수직 경사를 오른다
손 짚을 곳 한 곳, 발 디딜 곳 한 군데 없으니
이보다 위험한 등반이 있을까

그래도 글자는 산을 오르려 한다
가름끈이 내려오는 때는 생에 있어 단 한 번
감옥에서 탈출할 수 있는 유일한 기회

오와 열을 맞추어 교도소의 운동장에서
부동자세로 벌을 서고 있는 글자들,
검정 수인복을 입은 수인들
그들의 죄명은 무엇인가?

작가들은 수많은 글자들을 감옥으로 내몰아
옥살이를 시킬 꿈을 꾸고 있다

코스모스 꽃잎 위로 비의 공습이

적의 대규모 공습이 곧 시작된다
그들은 맹폭격을 퍼부을 것이다

코스모스 군대의 병력은 고작 27명
1개 소대 2분대의 병력이다

민간인은
시들어가는 노약자 코스모스가 50명,
부녀자와 봉오리가 피기 전인 갓난아기 9명

백척간두
일촉즉발

하늘에서 폭격기 편대가 까맣게 몰려온다
코스모스 마을의 평화를 중재해 줄 이 누구 없는가?

싸락눈

외투에 쌓인 눈을 툭툭 털다
발 앞에 생쥐와 딱 마주쳤다
새까만 눈동자가 나를 쳐다본다
때아닌 눈 소식에
미리 준비해둔 양식거리라도 떨어졌는지
나는 쌀 포대에서 쌀을 퍼다
살짝살짝 흘리기도 하고
그 쌀을 쥐구멍 앞에다 뿌려 보기도 하는데
흰 쌀 튀밥 같이 내리는 눈을 보며
저게 전부 까맣게 배가 고픈
쥐의 밥이었으면 좋겠다고

제4부

나진국밥

나진국밥

요양원 유리창으로 얼굴 마주 보며
흔드는 손짓으로 끝난 면회
돌아오는 길 눈물 꾹 참고 점심 먹으러 들른
여수시 화양면 나진리에 있는 국밥집

바다로 해넘이 하던 석양도 출출한 듯
국밥집 문 틈새를 비집고 코를 큼큼거리는데
뚝배기에 양껏 밥 말아놓고 목 메이네

잎새주 연거푸 두서너 잔에 허기진 눈물 아른거릴 때
오동통한 쥐 한 마리 후다닥 지나가는 것을 보고
식당 아주머니 하는 말

한옥을 개조해서 지은 집이라 어쩔 수 없어라
이젠 가족같이 살구만요

쥐도 가족도 없는 요양원에 어머니 두고 오는 허름한 마음

어느덧 국밥 위에 둥둥 뜨는

나진리 석양의 붉은 식욕

녹우

녹우 내리는 날
처마 끝에 떨어지는 빗줄기 한 단 잘라
국수를 삶고 싶다

펄펄 끓는 무쇠솥 안에서
부채춤을 추는 무희들

총각김치를 담그다 막 손을 닦았는지
붉은 손바닥 낙관이 찍힌 무명 앞치마

복福자가 새겨진 국수 사발을 들고
버선발 사뿐사뿐 걸어오시는 어머니

백발의 국수 실타래에 정구지* 몇 가닥
우물물 한 바가지에 띄운 버들잎처럼
푸르다

* '부추'의 경상도 방언.

미역

바다에 주문을 넣는다

잘 말린 파도 한 근만 끊어
택배로 보내 달라고

완도 앞바다에서 건져 올린
파도 한 꾸러미

물에 담가 먹을 감겨주니
굳어 있던 마음 금세 풀리는

바다가 보고 싶다는
어머니에게
파도 가자미국으로
밥상 차린다

미역국 한 그릇 맛나게 비우시고
바다 구경 한번 잘했다 하신다

그새 몸을 풀있나 한다

아랫배

요양원 침대 위
어머니 모로 누워 있다
여섯 배가 빠져나간 자리에
밭고랑이 생겼다

대구 종짓골 살던 어느 날
아버지의 아이를 가졌다며
아랫배가 부른 여자가
집 대문을 밀고 들어 왔다

그 대문으로 나간 엄마는
한동안 집에 돌아오지 않았다
엄마와 삼 년간 편지를 주고받다
진주시 반성면 부동부락 외할머니댁에
집 나간 엄마를 찾아 나섰다

그때가 초등학교 육 학년이었다
논두렁에는 개구리가 왕왕엉엉 울고 있었다

초가집 아랫목에 엄마와 누워서
"엄마, 엄마 배는 황무지에 밭 갈아 놓은 것 같네."라고
나는 말했다

사춘기 소년의 장난기로
슬쩍 엄마의 아랫배 밑으로 내 손이 미끄러지니
거기는 안 된다고 엄마가 내 손을 툭 쳤다
그 후로 엄마의 아랫배에는
남자의 손길이 닿지 않았다

엄마가 되어가는 중입니다

아들인 내가

남자인 내가

엄마가 되어가는 중입니다

밥주걱에 묻은 밥알을 뜯어 먹으며 도시락을 쌉니다

끓어 넘치는 냄비에 찬물을 부으며 국수 면발을 삶습니다

설거지를 하면서 그릇들을 빡빡 문질러 화를 풀어 봅니다

싱크대 아래쪽에 감추어둔 소주병을 꺼내어 한밤중 홀짝입니다

베란다에 쭈그리고 앉아 황달 걸린 달을 쳐다보고 한숨 쉽니다

"새* 빠실 놈들 다 키워봤자 아무 소용없제."

"서방 복 없는 년은 자식 복도 없다카디만."

중얼거립니다

홀쩍입니다

* '혀'의 경상도 방언.

감자 수제비

오전 수업을 마친 토요일 오후엔 엄마는 항상 물었다
"야들아 오늘 머 해 묵으꼬."
"엄마 수제비 해 묵자."
"알았다 감자 숭숭 썰어 넣고 맛있게 끓여 주께."

부산 아미동 빵집 딸이었던 엄마는 자그마한 체구였지만 손이 크고 손맛이 매웠다
빨간 플라스틱 바가지에 밀가루 한 봉을 풀어 물을 조금씩 부어 반죽을 한다
여덟 식구 입에 풀칠하기가 만만치 않은 한 끼 식사
엄마의 심장이 쫀득한 밀가루 반죽이 된다 반죽이 다 된 밀가루는 도마 위에서
돌려가며 두들겨 맞은 후 얇게 떼어져 솥으로 날아 들어간다

수제비를 떼며 엄마는 무슨 생각을 했을까?
저녁 찬거리 걱정
아이들 공납금 낼 걱정

집 나긴 아버지 걱정

  멸치 육수가 끓어 넘치자 엄마는 찬물을 부어 부글부글 끓는 속을 주저앉혔다
  엄마는 반죽된 이런저런 걱정들을 떼어 냈다

  수제비는 목구멍에서 잘도 미끄럼을 타고 술술 넘어갔다
  감자는 타박하기도 하여 배 속을 든든하게 해 주었다
  육 남매는 엄마의 지문이 쓸린 수제비를 너도나도 한 그릇 더 달라며
  오리 주둥이를 벌렸다

  손가락으로 아무리 얇게 포를 떠도 나비의 잔등이 될 수 없는 무거움
  날개를 달지 못한 엄마의 걱정 수제비는
  네 그릇을 먹어도 배가 터지지 않았다

선운사 애기동백

동백을 보러 선운사 갔더니
주인 보러 저만치서 뛰어나오는 강아지처럼
애기동백이 쫓아 나오더라
어린 마음에 일찍 그리움을 알아버린
동자 스님의 또록한 눈망울
동백숲 직박구리의 노랫소리는
애기동백이 하늘에 쏘아 올린
엄마 엄마

짜장면 그리고 말 울음 소리

새엄마를 집에 데려오던 날 아버지는 짜장면을 사 주었다
철이 든 형들은 고개를 푹 숙인 채
짜장면 그릇과 젓가락에서 눈을 떼지 않았지만
나는 제천에서 왔다는 새엄마와 눈도 마주치고
누런 콧물을 훌쩍이면서 짜장면을 맛있게 먹었다
그해 겨울부터 걸린 감기는 새엄마와 사는 몇 해 동안 낫지 않았다
이복동생이 새엄마에게서 태어나고 나는 미운 이복동생을 괴롭혔다
새엄마에겐 난 소가지*가 못된 놈으로 찍혀 있었다

대구 서부 시외버스터미널 매점에서
엄마는 하루 종일 오가는 뜨내기손님들에게
담배와 소주, 보름달 빵과 찐 계란을 팔았다
엄마는 매점에서 하루 두 끼를 짜장면으로 때웠다
그때는 매일 짜장면을 먹을 수 있는 엄마가 부러웠다
지금 팔순이 훌쩍 넘은 엄마는 가끔 짜장면이 먹고 싶다고 한다

면발을 가위로 잘게 잘라서 엄마의 입에 숟가락으로 떠넣어주면
엄마의 입속에서 다그닥 다그닥 말발굽 소리를 내며
몇 마리 말이 어디론가 달리는 것이었다

나이가 오십이 넘은 이복동생은 몇 년 전부터 루게릭병을 앓고 있다
썩어들어가는 발에 버선을 신고 산소 호흡기를 입에 문 채 침대에 누워 있다
두 해 전 새엄마는 마산에 계신 엄마를 찾아왔다
이복동생의 약값을 지원받기 위해 엄마의 통장 잔고가 0원이 되도록 해달라는 것이다
엄마의 통장에는 아버지나 새엄마가 보낸 금액의 숫자는 하나도 찍혀져 있지 않았다

엄마가 모처럼 왔으니까 반찬도 없고 짜장면이라도 시켜줄까 물었을 때
새엄마는 "형님 저는 짜장면을 좋아하지 않네요."라고 말

했다
 그랬다, 짜장면은 여태 엄마만 드셨다
 엄마 이제 짜장면 드시고 싶다 하지 마세요
 요양원에 계신 엄마가 전화를 받자마자 흐엉흐엉 말 울음을 울었다

* '심성'의 속된 말로 소견, 소갈머리의 경상도 방언.

밥 무덤

　단칸방 아랫목에 우묵한 무덤이 있었습니다
　비단 보자기를 한 겹 벗기면
　백양목 기저귀 같은 강보를 다시 한 겹 벗겨내면
　그 속에 사기 밥그릇 한 개가 작은 꿀단지처럼 떡하니 있었습니다
　우리 집 장남인 큰형이 택시를 몰다 밥 먹으러 올 때면
　엄마는 조심스레 비단보자기와 강보를 풀었습니다
　밥뚜껑을 열면 송글송글 더운 땀이 맺힌 밥알들이 고개를 쏙 내밀었습니다
　밥그릇이 있던 아랫목 장판은
　까맣게 탄 누룽지 같은 지도가 그려져 있었습니다
　칠순이 넘은 큰형은 골프장 야간 경비를 나가고 있습니다
　큰형의 푸른 잔디밭에 어머니의 발자국은 애초에 없었습니다
　단지 순찰 코스에는 오목한 밥 무덤이 잔디 풀에 숨겨져 있습니다
　엄마의 따스한 밥공기가 빠져나간 밥 무덤에
　골프공 같은 흰 달빛만 밥숟가락처럼 들락날락합니다

공수래공수거

할머니 유모차 밀고 간다

아기집에 아기가 없는 것처럼

아이가 없는 유모차

배 속에서 내린 아기

유모차에서 내린 아이

다시 할머니가 되어

빈 유모차 밀고 간다

제5부
적도의 딸

적도의 딸

위도 0도, 적도의 나라 에콰도르
못 위에 계란을 세우지 못해 너에게 가지 못한다
계란 껍질을 깨지 못해
아빠는 네가 있는 노른자에 닿을 수가 없다

너에게로 가는 직항노선이 없기 때문에
휴스턴이나 멕시코에서 미아가 될지도 몰라서
에콰도르에 가지 못한다

퉁구라우아 화산재에 묻힌 여우를 닮은
한국인 오십 대 남자 여행자의 죽음이 뉴스에 나올까 봐
키토에 가지 못한다

으슬으슬한 초가을 날씨에 감기에 걸릴까 봐,
세비체가 느끼할 때마다 김치가 생각날 것 같아서
암바토에 가지 못한다

그러나 언젠가는 너에게 날아갈 것이다

드론을 타고 지구를 반 바퀴 돌아서
네 가족이 살고 있는 암바토에
화산재보다 가볍게 떨어질 것이다

그때가 계란 껍질을 깨는 날이다
딸아, 네가 노른자를 깨고 나와 세상의 중심에 우뚝 서는
적도의 딸이 되는 바로 그날이다

몸피체 편지

태평양
몸피체 해변의 의자에 비스듬히 누워
지구 반대쪽에서 병들어 가고 있는
애인의 소식을 듣는다

로열 데카메론 섬으로 들어가서
서프보드를 타고 파도를 넘을 때나
적도의 햇빛에 모자챙을 깊숙이 눌러쓸 때
고통에 신음하고 있을 애인을 잠시 생각한다

덜컹거리는 모토택시의 맨 뒤쪽에 앉아 졸음에 겨운 눈을 잠시 뜰 때나
산토 도밍고 길거리에서 1달러짜리 유카와 코코넛을 먹으면서
나는 애인의 병이 점점 위중해 감을 슬퍼한다

파블로 피카소 호텔에서
오스왈도 과야사민의 그림에 대해 친구와 열띤 논쟁을

볕일 때
  키토시의 야경이 보이는 S자 곡면 유리에 쩍쩍 금이 가고
  클럽 맥주병이 유리 탁자에서 데구르르 구를 때에도

  태평양 저편
  갈등과 대립으로 중병을 앓고 있는
  나의 고독한 애인

킬로토아 호수의 늙은 당나귀

전생의 너와 나는
서로에게 빚이 있었던 것일까

이역만리 에콰도르 땅에서
흰머리가 늘어가는 한 남자를
노쇠한 네 굽은 등에 태울 때에는

전생에 너에게 진 빚은 단돈 10달러
너는 엉덩이가 처진 가죽 부대를 싣고
가파른 화산재 길을 올라가야만 하는 빚을 졌지

말똥을 싸고 거친 입김을 뿜어대는
네 엉덩짝을 향해 내려치는
열두 살 소년 마부의 채찍을 낚아채고
나는 내려서 너와 나란히 걷고 싶었어

나는 10달러의 빚을 갚았지만
너는 많은 사람에게 진 빚을 몸으로 갚아야 해

늙은 당나귀여
산다는 건 수고롭고 무거운 짐을 지고 살아가는 것

킬로토아 호수의 푸른 외눈처럼
슬픈 나와 늙은 당나귀의 눈망울

천사와 악마
― 산토 도밍고 광장

파네실로* 언덕에서 천사상을 보고
착하게 두근거리는 심장 지그시 누르며
광장에 순례자의 첫발을 내디딘다

텅 빈 여백의 끝에 굳은 포르말린으로 지은 듯한
산토 도밍고 교회를 찍으려는 순간

―휴대폰 집어넣으세요, 휴대폰이 강도를 부르는 거예요.
트롤레 버스정류장에서 어떤 여인이 소리쳤다

광장의 가운데에는 한 무리의 노숙자들이 먹이를 찾는
까마귀의 눈빛으로 노려보고 있다

부와 빈곤
천사와 악마의 창끝이
하늘을 찌르고 있는 바실리카 대성당
두 개의 뾰족한 첨탑이 눈앞에서 사라져

알메르소**를 파는 대통령궁 레스토랑 앞

이름 없는 거리의 화가가 그린 화폭에

한 끼의 점심으로 담긴다

* '빵 한 조각'이란 뜻.
** 수프와 메인, 주스를 묶어서 파는 점심.

세상의 끝 그네

그네를 밀어라
잉카의 후손이여
안데스의 자식이여
퉁그라우아 퉁그라우아

돈과 명예 나만의 행복
2,660m의 벼랑 아래로
당신의 발끝이 매처럼 박차고 솟을 때
그때 그것들을 날려 보내라

세상의 끝에 서면
그대에게 남겨지는 건
그네에 달린 두 줄의 끈과
등 뒤를 감싸는 한 줄의 안전띠
사랑하는 가족뿐임을 명심하라

떠나갈 것들은 모두 떠나고
벼랑 끝에 혼자 서 있을 때

사랑은 온다

사랑은 빈손이 되어서야

다시 돌아온다

그네를 밀어라

잉카의 후손이여

안데스의 자식이여

퉁그라우아 퉁그라우아

아보카도 나무가 있는 정원

나는 힐끔힐끔 보았네
앵두나무 창가의 커튼 뒤에 숨어서
잘못을 저지르고 엄마의 뒷모습을 몰래 훔쳐보는 아이처럼

그때 아보카도는 레몬처럼 자라 있었고
발뒤꿈치를 들고 까치발로 서도 아보카도를 딸 수가 없었네

나는 아보카도가 코코넛처럼만 커 준다면
그때는 용기를 내어 사랑을 할 수도 있을 것 같았네

하지만 내가 점찍어 놓은 아보카도는 더 이상 자라지 않고
그 옆의 아보카도만 쑥쑥 키가 커져갔지

나에게는 한 가지 소원이 있었네
정원의 벤치에 앉아서 잘 자라준 나의 아보카도를 보면서
흐뭇해하는 내 미래의 모습을 상상하곤 했지

오늘도 앵두나무가 보이는 창가에서
앵두와 앵두 사이에 가려진
잘 자라지 않는 나의 아보카도를 보네

이방인

키토에서 암바토로 돌아오는 길목
시위 진압 중인 군인이 쏜
최루탄 가스를 흡입하지 않으려고
코와 입을 틀어막은 양말 한 켤레

암바토
노란 벽돌집 이층 옥상 위에서
침보라소 화산을 바라보며 바람에 펄럭였던
꼬레아의 깃발 같은

낯선 이국의 여행지에서 만난
긴박했던 공포와 전율의 시간

언덕 위에서 날아드는 돌멩이와
화산재처럼 터져 비산하는 최루가스에 눈물 콧물 범벅이 되어
졸지에 도망자가 된 이방인

겨우 안전지역에 와서야 알게 된
전쟁터에서 잃어버리고 온
양말 한 짝을
다른 양말 한 짝이 슬퍼하고 있음을

태평양 건너 또 한 나라
시대의 한 슬픔을 감내하고 있는
나의 양말 한 짝

그 대수롭지 않은 슬픔 한 켤레
한참을 주저하다
손에서 내려놓는다

피카소 호텔에는 피카소 그림이 없다

나, 이십 년 뒤에 키토에 살 거야

취직해서 열심히 일해
한 달에 백만 원, 일 년이면 천 달러
그렇게 이십 년 꼬박 모아 이십만 달러만 모으면 돼

티라노사우루스의 굽은 등뼈 같은 유리창 너머로
키토시의 야경을 감상할 수 있는 피카소 호텔 1101호를 살 거야

아 그런데 그런 날이 올까?

아침엔 로키*와 공원을 산책하고 근처 와플 가게에서
에그 타르트와 라테를 먹을 거야

적도의 햇빛이 복층 계단을 스멀스멀 올라오면
과야사민의 그림을 흉내 내어
알 듯 모를 듯 아리송한 추상화를 그려야지

아 그런데 그런 날이 올까?

파블로 피카소 호텔 로비에
피카소의 꿈** 을 걸 수가 있는 날이

* 미래에 키울 개의 이름.
** 미래에 그릴 그림의 이름.

제6부

넥타이의 시간

날아다니는 꼬리뼈

꼬리뼈는 해마다 3.65센티미터씩 자라났다

강산이 두 번 바뀌자 꼬리뼈 끝에는 구멍을 뚫고 들어갈 나선이 생겨나기 시작했고 의자의 밑판을 조금씩 뚫고 들어가 드디어 몸통을 관통한 꼬리뼈는 거침없이 쑥쑥 자라 세평 파티션 안에 갇혀 있는 부장의 사무실 바닥에 단단한 구조물로 고정되었다 여객기의 비즈니스 클래스 수준은 아니지만 우등 고속버스 좌석은 마련되었을 것이라고 꼬리뼈는 생각했다 중견 간부라는 직책에 어깨에는 잔뜩 힘이 들어갔다 꼬리뼈는 점점 앉아 있는 시간이 길어졌다 길어진 만큼 점점 꼬리뼈는 휘어지기 시작했다 "이만큼 길어져 콘크리트를 뚫고 몸을 고정시켰으면 누구도 나를 자리에서 끌어내지 못하겠지?" 꼬리뼈는 스스로 안도하였으나 정년까지 무사히 버텨줄 호위무사 노릇을 톡톡히 해 오던 책상의 네 다리가 최근 들어 눈에 띄게 후들거리기 시작했다 꼬리뼈는 가끔씩 회의 중에 뒷목을 잡기도 하고 식은땀을 흘리며 가슴 답답증을 호소하기도 했다 직장에는 휴가를 내고 종합검진을 받았으나 결과는 아무 이상이 없었다 다리에 힘이 빠지기 시작한 책상다리를 붙들기 위해 꼬리뼈는 바짝 책상 앞으로 다가갔다 그리고 책상에게 사정했다 "너만 잘 버텨 주면 돼, 우리 조금만 더 참자." 조금만 더 버티면 비행기 이코노미석에서 비즈니스석으로 자리를 갈아탈 수 있을 것만 같았다 공중을 붕붕 날아다니면서 구름과 어깨를 나란히 할 수 있을 것만 같았다

녹동항

문득
어부가 되고 싶다

후크 선장처럼 콧수염을 기르고
팔뚝엔 해골 문신도 새겨야지

바다로 타고 나갈 배의 이름은
그린이스트호

남태평양 살리나스로 나아가
혹등고래 가족을 보러 갈 거야

내가 그물을 던져 잡아 올릴 수 있는 것은
너스레 떠는 시 한 줄뿐

청새치의 긴 창끝 주둥이에
백상아리같이 펄펄 뛰는 시 한 편 건져 올려야지

태평양의 앙상한 거품만 매단 채

항구로 돌아오는

늙은 어부 산티아고*처럼

* 헤밍웨이의 소설 『노인과 바다』의 주인공.

넥타이의 시간

나는 나를 죽이는 교살범

나는 서서히 죽어가는 자살을 꿈꾸었는가?

아니면 숨통을 조일 때마다
엑스터시를 하는 듯
희열을 느꼈는가

생활이 녹록지 않을 때
넥타이의 매듭을 더 조였다

느슨해진 너트를 멍키스패너로 조이는 것처럼

파란 마름모꼴 무늬가 있는 넥타이를 잃어버렸다
유일한 자살 도구를 잃어버린 셈이다

홀가분하다
이 날아갈 듯한 기분은 무엇인가

족쇄를 풀었다

낡은 구두

주인이여!
이제 기나긴 여정이 끝나가는 건가요?
저는 이제 늙고 병들어 주인님과 함께할 시간이 많지 않답니다

제 반쪽인 옆지기와 고향으로 내려가 자그마한 집을 짓고
그 집에 살구나무를 심고 살구꽃이 필 때면
살구나무 아래서 주인님과의 옛 추억에 젖을 겁니다

양말을 두 켤레씩 신었던 차가운 사무실 바닥에서의 야근은 무척 힘들었죠
출장길 낯선 사우나에서 토막잠을 자던 일
가족처럼 일하자던 사장이 하룻밤 사이 우리를 거리로 내쫓던 날
자동차의 시트에 누워 내일 가야 할 길을 별에게 물어보기도 하였지요

주인이여! 이제 제가 낸 사표를 수리해 주세요

저도 주인님 곁을 떠날 때가 된 것 같네요
그동안 주인님을 모시고 살아서 행복했습니다

안녕히!
이젠 제 발로 이 병실을 걸어 나가겠습니다

명함

가죽 지갑 속에서 희고 창백한 얼굴을 꺼낸다

나 이런 사람이오

간장 공장 공장장
된장 공장 공장장

만나는 사람마다 무슨 장을 담그는 사람인지가 궁금한지?
이름 끝에 '장'님을 붙여 부른다

어느 날
지갑 속에 든 네모난 얼굴을 가위로 싹둑 잘라 버렸다

어이
거기
보소

각 잡히지 않은

허름한 둥근 얼굴

미소 짓는다

블라디보스토크로 간다

　시베리아 횡단 열차를 타고 블라디보스토크로 간다
　바이칼 호수에 던져놓은 얼어붙어 있는 나의 심장을 멀찍이서 바라보며

　신발 뒤축에 끌려 따라온 몇 덩이의 미련과 그리운 생각들은
　낯선 이국땅에 버려두고 간다

　열차는 쉭 쉬익 매섭게 날아오는 칼날을 피해
　긴 몸을 힘들게 뒤틀고 있다 그럴 때마다 열차의 객차와 객차를
　연결하는 고리는 외마디 비명을 지른다

　바이칼 호수 옆으로 말 없는 한 무리들이 이동한다

　사랑스런 가족들이여
　내가 침대칸에서 잠을 청할 때
　식당에서 맛없는 밀가루 빵을 목구멍에 꾹꾹 밀어 넣을 때

그대들을 생각한 것이다

블라디보스토크에 도착하는 날
아무르 강변을 쓸쓸히 산책할 때
모두 안녕하다는 소식을 들을 것이다

이미 얼어붙은 마음에 빗살무늬의 금이 가지 않도록
얼음 왕국에서 돌아오는 날
눈에 파묻혀 사라진 바이칼 호수의 눈빛을 느끼며
사랑한다 말할 것이다

불일암 가는 길

소유냐 무소유냐
그것이 문제로다

송광사와 불일암 갈림길에서
무소유의 길을 택한다

어떻게 살아가야 하나?
물욕의 잡념들로 다시 머릿속 어지러울 때
대나무 숲길에 이르러 그 생각 떨쳐 버린다

나를 혼란하게 하는 것은
대숲에 이는 바람이었거니

불일암 돌계단에 흰 고무신 벗어놓고
후박나무 아래 누우신 법정 스님

살어리 살어리랏다
청산애 살어리랏다*

어치새 한 마리 날아와

나무둥치 위에

무소 무소

앉는다

* 불일암 목판에 있는 '청산별곡' 인용.

해탈문

부처님
부처님
어디 계시우

두 눈 부릅뜨고
시주님들 절할 때 졸지 말고
복전함 잘 감시하라 그리 일렀건만

등용문을 둘러봐도
해우소를 기웃거려 봐도 보이시질 않네

두 개의 큰 바위 사이
해탈문 지나

보리수나무에 기대어
꾸벅꾸벅 졸고 있는

푸른 삽으로 변신한 부처님 모습

두 눈으로 똑똑히 목도하였으니

붓다처럼

도시락 두 개를 겹쳐 놓은
833쪽
붓다처럼*

몇 쪽 읽다가
커피 마시고

몇 쪽 읽다가
라면 끓여 먹고

몇 쪽 읽다가
책장을 덮고 책을 목침 삼아
낮잠을 청한다

책 속의 활자들이
개미 걸음으로
수행 길에 나선다

* 틱낫한, 『붓다처럼』.

대나무에 꽂히다

담양 죽녹원에서

대나무 집 속을 통통 두드려 본다

여보세요, 거기 누구 없소?

그것은 푸른 굴뚝을 통해

밥 짓는 연기를 피워 낼 것 같기도

그것은 청대 피리를 불며

뜸북뜸북 뜸북새를 부르기도 할 것 같아

그러다 이내 속내를 들키기도 할 것 같아

허정의 시세계

현실과 시를 바라보는 네 개의 눈

박남희
(시인·문학평론가)

1. 체험과 상상력 사이에서 뛰노는 유비적 상상력

우리가 살아가는 현실에 탄탄히 뿌리내리고 있는 시들은 그 토대가 확고하다는 점에서 허황되지 않다. 시를 구성하는 요소로 가장 대표적인 것이 체험과 상상력이라면, 좋은 시는 이 두 가지 요소가 적절히 조화를 이루면서 새로운 시적 포에지를 증폭시켜나가는 지점에서 이루어진다. 시인들이 시를 쓸 때 일상적이고 산문적인 어법에 머물지 않고 비유나 상징, 아이러니, 알레고리의 포즈를 취하게 되는 것도 체험과 상상력을 효과적으로 사용하여 감동적이고 새로운 시를 창조해내려는 노력의 산물이다.

　허정의 시를 읽으면서 확인하게 되는 것도 좋은 시를 쓰려는 시인의 이러한 노력이 도처에 산재해 있다는 점이다. 특히 허정의 시에는 어떤 대상을 다르게 보는 유비적 상상력이 가장 큰 비중을 차지하고 있다. 유비적 상상력의 본질에 가장 가까이 가 있는 비유는 은유이다. 동일성의 시학을 바탕으로 자아와 대상을 동일한 관점에서 바라보려는 유비적 상상력은 은유 시를 쓰는 시인들이 가장 즐겨 사용하는 비유 중의 하나이다. 허정 시인은 세상이나 대상을 바라볼 때 자신과 무관한 세계나 객체로 바라보지 않고 자신의 삶과 연관된 유비적 대상으로 바라보려는 은유적 눈을 가지고 있다. 우선 다음의 시를 읽어보자.

　　실낱같은 인연 하나 스친 적 없는 길냥이를 묻기 위해
　　삽과 괭이를 든다는 것은

　　나의 무덤을 내 손으로 파 보는 예행연습 같은 것

　　겨울나무의 얼어붙은 뿌리와 뿌리 사이
　　강보에 싸인 아기의 부피와 질량이 덮일 만큼
　　구덩이를 파는 동안

이 말도 되지 않는 인연에 대해 생각한다

산길에서 우연히 만난 녀석의 푸석푸석한 사체와
갈참나무 옆에 기대어 있던 삽과 괭이는
왜 우두커니 서서 나를 바라보고 있었는지

왜 나는 그곳을 그냥 지나치지 못하고
언 땅을 괭이로 파내고 그 자리에 낙엽을 깔고
시신으로 만난 인연을 다듬잇돌 크기의 구덩이에 눕혔는지

왜 그때 하필이면
겨울 햇빛이 녀석의 흰 이빨에 반사되어
내 눈동자에 빨간 웃음으로 박혔는지

―「빨간 웃음」 전문

 전해오는 우리말에 옷깃만 스쳐도 인연이라는 말이 있다. 어떤 이는 여기서의 옷깃이 모든 옷자락을 말하는 것이 아니라 한복의 목덜미의 깃을 가리키는 것이어서 예사로운 만남이 아닌 인연을 가리키는 것이라고 하지만, 일반적으로 옷깃을 스치는 인연이란 우연한 만남을 통해서 이루어지는 인연을 가리킨다. 위의 시에서 화자가 느끼는 죽은 길냥이와의 인연, 즉 "실낱같은 인연"도 이런 인연 중의 하나이다. 화자는 우연히

길을 가다가 죽은 길냥이를 발견하고 그냥 지나치지 못하고 길냥이의 무덤을 만들어주는 특이한 체험을 하게 된다. 화자는 길냥이의 무덤을 만들어주는 행위에 "나의 무덤을 내 손으로 파 보는 예행연습 같은 것"이라는 의미를 부여함으로써 행위의 당위성을 강조한다. 그러면서도 화자는 자신과 길냥이와의 인연을 "말도 되지 않는 인연"이라고 생각하면서 이러한 행위를 하고 있는 자신을 어이없어한다. 화자와의 인연은 길냥이의 "푸석푸석한 사체"뿐 아니라 "갈참나무 옆에 기대어 있던 삽과 괭이"에도 연결되어 있다. 화자가 어쩌면 대단히 하찮은 이러한 인연을 외면하지 못하고 길냥이의 무덤을 만들어 줄 수밖에 없었던 이유는 "겨울 햇빛이 녀석의 흰 이빨에 반사되어" 화자의 "눈동자에 빨간 웃음으로" 박혔기 때문이다. 여기서 '빨간 웃음'은 우연히 길을 지나는 화자로 하여금 그냥 길을 지나가지 못하게 만드는 어떤 결정적인 동인이다. 그것은 어떤 동정심이나 측은지심일 수도 있고 삶의 비의에 대한 커다란 깨달음일 수도 있다.

오뉴월 땡볕 아래
십자가를 지고 골고다 언덕을 오르는
사내와 딱 마주쳤다

흘깃 그 눈빛을 본다

나는 개와 산책 중이었고

그는 철근 한 묶음을 어깨에 메고 있다

나는 고개를 숙였다

숭고한 노동의 땀방울 앞에

굴복했다

생生이란

가까운 허공에서 먼 허공으로

내가 깔아 놓은 한 장의 널빤지 위로

아슬아슬한 걸음을 떼는 것

굽은 등 펼 때 먼 하늘을 잠깐 바라보는 것

사내들

공허한 4층 높이 하늘에서

구름 위를 걷는 퍼포먼스를 보여 준다

—「집 짓는 사내들」 전문

일반적으로 우리가 살아가는 세상을 불교에서는 고통의 바다(苦海)라고 명명한다. 인간이 태어나서 늙고 병들고 죽는, 생로병사生老病死를 사고四苦라고 한다. 이러한 고통에서 해방되기 위해서 불자들은 해탈을 꿈꾸게 된다. 하지만 인간은 끝없이 반복되는 고통의 윤회에서 쉽게 벗어나지 못한다. 허정 시인이 인생을 "한 발 빼면/ 한 발 다시 빠지는/ 우리네 삶 자체가/ 발목 붙잡는 갯벌"(「소래포구」)로 비유하고 있는 것도 본질적으로 인생을 고통의 윤회로 보는 불교적 사유와 다르지 않다. 이런 불교적 세계관을 지니고 있는 허정 시인이 위의 시의 초두에서는 십자가를 지고 골고다 언덕을 오르는 예수를 등장시키고 있다. 물론 여기서 비유하고 있는 "십자가를 지고 골고다 언덕을 오르는/ 사내"는 건축자재를 짊어지고 비계를 오르는 노동자를 가리키고 있다. 이 시 역시 화자가 개와 산책 중에 만나게 된 우연한 상황에 주목하고 있다는 점에서 앞의 시와 유사하다. 화자가 "공허한 4층 높이 하늘에서/ 구름 위를 걷는 퍼포먼스"를 보여주는 사내에 주목하게 된 것은 "숭고한 노동의 땀방울"에 대한 경외감 때문이다. 화자는 이러한 노동자의 삶을 통해서 "생生이란/ 가까운 허공에서 먼 허공으로/ 내가 깔아 놓은 한 장의 널빤지 위로/ 아슬아슬한 걸음을 떼는 것"이라는 깨달음을 얻는다.

허정 시인의 또 다른 시 「구두 닦는 성자」도, 구두닦이를 고해성사를 해주는 신부에 비유하고 있다는 점에서 위의 시와 유사한 구조를 보여준다. 화자의 눈에는 "1.5평 컨테이너 박스는 고해소"로 보이고, 이 고해소를 찾아온 신도들이 신부에게 하고 있는 다양한 고해성사는 말없이 손님의 발을 보면서 구두를 닦는 '구두 닦는 성자'의 행위와 대비되어 시를 읽는 이

들에게 새로운 깨달음을 던져준다. 시인은 "성자의 코가 구두코에 가까울수록 고해소가 환해진다"는 진술을 통해서 시가 지니고 있는 효용성을 암시해줌으로써, 이 시가 품고 있는 메타시로서의 가능성을 보여준다.

2. 배반과 일탈을 꿈꾸는 알레고리의 상상력

인간에게 현실은 기회이면서 동시에 한계로서의 양면성을 지니고 있다. 경제학에서 기회비용과 한계비용이라는 개념이 있는 것도 인간이 지니고 있는 이러한 양면성과 무관하지 않다. 인간은 생명을 유지하고 살아가는 동안 늘 새로운 꿈을 꾸게 된다. 하지만 현실과 인간의 유한성은 무한히 뻗어나가려는 인간의 꿈을 유한이라는 울타리에 가둬두게 된다. 하지만 인간은 다른 동물들과는 달리 생각하는 이성을 가지고 있어서 어떤 한계상황에 부딪치면 그것으로부터 벗어나려는 노력을 보여준다. 현대시에서는 이런 노력을 보여주는 시들을 배반과 일탈의 상상력이라는 범주에서 살펴보기도 한다. 허정 시인의 시들에도 이러한 양상의 시들이 많이 눈에 띈다.

본디 너는 각角이 없는 짐승이다

코뚜레 사이로 연신 쉭쉭 뜨거운 숨을 내쉬며

해가 뜨면 일터로 나가고

해가 지면 뚜벅뚜벅 집으로 돌아오던

순하디순한 짐승이었다

그 소걸음은 냉동고 안에서 뚝 멈추었다

싱크대 개수구로 뼈와 살 속 깊이 남아 있던

붉은 한 생애의 궤적이 흘러 들어간다

소! 우매한 짐승이여

너의 길은 여기까지가 끝이다

그러나 '죽음을 기억하라'

칼날 앞에 찢겨지고 발겨진 육체를 기억하라

불가마 속에서 뼛속 깊이 박힌 순종의 골수를 걷어내라

숨어 있는 수백 조각 혁명의 뼈로

날카로운 각角을 세워

하수구로 흘러가는 삼월의 봄을

게으른 풀밭에 누워 있는 너의 등짝에

되돌려다오

　　　　　—「각角을 말하다 — 곰국을 끓이며」전문

인간이 사육하는 동물 중에서 가장 우직하게 인간에게 충성을 다하는 동물로 흔히 소를 꼽는다. 소는 평생을 자신의 몸을 바쳐서 노동으로 인간에게 봉사를 하다가 죽어서도 식용으로 인간에게 자신의 남은 모든 것을 바치는 동물이라는 점에서 인간에게는 매우 유용한 동물이다. 하지만 위 시의 화자는 이러한 소의 삶을 비판적인 눈으로 바라본다. 그리하여 그는 "소! 우매한 짐승이여/ 너의 길은 여기까지가 끝이다// 그러나 '죽음을 기억하라'/ 칼날 앞에 찢겨지고 발겨진 육체를 기억하라"고 그동안 우매했던 소의 삶을 되돌아볼 것을 권유한다. 이러한 권유는 표면적으로는 소에게 하는 말이지만 그 이면에는 소처럼 우매한 인간을 향한 외침이 있다.

　이런 관점에서 이 시는 일종의 알레고리 시이다. 화자가 이 시에서 강조하고 있는 낱말은 '메멘토 모리Memento mori'이다. "자신의 죽음을 기억하라" 또는 "너는 반드시 죽는다는 것을 기억하라", "네가 죽을 것을 기억하라"는 뜻을 가진 이 라틴어 낱말은 전쟁에서 승리하고 돌아오는 개선장군에게 "너도 언젠가는 죽으니 겸손하라"고 외치던 유래를 가지고 있다. 인간은 자신이 살아 있을 때는 거의 죽음을 생각하지 않다가 전쟁에 나가거나 병이 들어서 죽음에 직면하게 되었을 때에야 비로소 죽음을 인식하게 된다. 인간들 중에도 우매한 소와 같아서 자신의 죽음을 망각한 채 관습적 삶에 매몰되어 살아가는 경우가 많이 있다. 그리하여 화자는 소처럼 우매한 이들에게 말한다. "숨어 있는 수백 조각 혁명의 뼈로/ 날카로운 각角을 세워" "불가마 속에서 뼛속 깊이 박힌 순종의 골수를 걷어내라"고. 이러한 행위는 인간에게는 일탈이고 배반일 수 있지만, 소에게는 새로운 혁명이고 희망이다. 시인이 시를 쓰는 행위 역시 뿌리 깊은 관습의 틀을 헐어내고 새로운 상상력의 세계로 나아가는 일이라는 점에서는 같은 것이다.

  압생트 한 병을 놓고
  고흐와 나
  러시안룰렛 게임을 한다

  권총의 탄창 속 해바라기는
  회전식 연발로 꽃을 피웠다

  꽃의 수술 같은 공이가
  딸깍, 헛발질을 할 때
  고흐와 나
  마주魔酒를 마신다

  우리가 사랑했던 것은
  귀가 잘린 자화상
  탄창에 남은 마지막 한 발의 황금빛 탄환

그리고 테오

사랑하는 아우여

고흐는 노란 물감을 탄

압생트를 마시고

나는 술잔에 빠진 고흐의 귀를 건지러

초록빛 독주를 마신다

—「고흐와 나」 전문

 이 시는 화자를 고흐가 살고 있는 과거의 시간에 편입시켜서 고흐와 함께 압생트라는 프랑스 독주를 마시면서 러시안룰렛 게임을 하는 인물로 설정하고 있다. 물론 이러한 설정은 화자가 현재적인 인물인데 반해 고흐는 과거의 인물이라는 점에서 이 시의 현실은 가상현실인 셈이다. 러시안룰렛 게임은 과거 제정 러시아 때 귀족들 사이에서 유행하던 죽음의 게임으로 영화 '디어헌터'에서도 등장했던 게임이다. 이 시에서 등장하는 고흐와 내가 "사랑했던 것은/ 귀가 잘린 자화상"이다. 이 시에서 화자는 고흐가 자신의 귀를 자른 행위가, 러시안룰렛 게임에서 어떤 탄창에 총알이 든 지도 모른 채 자신의 머리에 방아쇠를 당기는, 자신의 목숨을 건 게임에 비견되는 행위임을 강조하고 있다. 이 시 역시 죽음의 상황을 전면에 등장시키고 있다는 점에서 '메멘토 모리' 정신이 시의 배면에 녹아 있다. 죽음을 걸고 자신의 삶을 변화시키려는 행위는 고흐와 같은 몇몇 위대한 예술가만이 할 수 있는 행위이지만, 시인은 간접적으로라도 이러한 상황을 설정해서 시인으로서의 자신의 삶을 반추하고 있다는 점에서 그 정신의 치열성을 엿볼 수 있다. "술잔에 빠진 고흐의 귀를 건지려/ 초록빛 독주를 마"시는 화자의 행위는 고통스러운 세상을 전면에 마주함으로써 그 고통을 극복해보려는 살신성인의 정신이 그 안에 들어 있다.

이미 이빨은 뽑혔다

방패처럼
둥지처럼
부르면 금방 어머니가 달려 나올 것 같은
동그란 창이 유람선처럼 열려 있는
무덤이 곧 너의 집

서슬 퍼런 칼날을 입에 물고
운명의 전복顚覆을 꿈꾸는가
전복全鰒이 전복顚覆을 도모하는가

꿈꾸는 명예
꿈꾸는 아집

꿈꾸는 독선

껍데기만 남은
오색 섬

뭍에 엎드려 울고 있다
　　　　　　　　―「전복의 꿈」전문

　예로부터 전복은 임금의 수라상에 놓이는 귀한 음식으로 대접을 받았다. 전복은 영양가가 풍부한 귀한 음식이지만, 그 음식을 먹고 남은 전복 껍질은 오색찬란하여 자개장을 만드는 재료로 요긴하게 쓰인다. 그런데 전복이 특이한 점은 조개처럼 양쪽 뚜껑이 다 있지 않고 한쪽만 있어서 외부의 위험에 쉽게 노출되어 있는 어패류라는 점이다. 시인은 이러한 전복의 상황을 "이미 이빨은 뽑혔다"고 진술한다. 이처럼 죽음에 쉽게 노출되어 있는 전복을 시인은 "방패처럼/ 둥지처럼/ 부르면 금방 어머니가 달려 나올 것 같은/ 동그란 창이 유람선처럼 열려 있는/ 무덤"으로 묘사한다. 이런 전복의 모습이 시인에게는 "서슬 퍼런 칼날을 입에 물고/ 운명의 전복顚覆을 꿈꾸는", 즉 전복顚覆을 도모하는 전복全鰒으로 인식된다. 그것은 그동안 전복이 꿈꾸던 것들이 헛된 명예와 아집과 독선으로 가득 찬 것들이었고, 이런 것들도 끝내 사라져 전복은 결국

"껍데기만 남은/ 오색 섬"에 지나지 않기 때문이다. 이러한 시인의 인식은 전복이 가지고 있는 아름다운 껍질을 지닌 귀한 생물이라는 기존의 인식을 전복시켜 그 이면에 숨어 있는 헛된 욕망을 드러내려는 목적을 가지고 있다. 이 시를 알레고리 시로 본다면 중심 이미지인 전복은 헛된 꿈을 꾸고 있는 인간을 투사한 객관적 상관물이다. 특히 전복이 살고 있는 집을 '무덤'으로 바라보고 있는 것은 앞의 시들에서 공통적으로 보이는 '메멘토 모리'의 정신이 이 시의 기저에 투영되어 있음을 말해주는 것이다.

3. 어긋난 삶의 인식과 아이러니의 상상력

인간이 살아가는 세상은 겉으로 보기에는 평온하고 순리대로 움직이는 것처럼 보이지만 그 속을 자세히 들여다보면 모순되고 어긋난 것들이 무수히 발견된다. 이 세상에는 수많은 생명들이 자신의 방식대로 살아가지만, 그들의 삶의 방식은 서로 달라서 공생을 위해 서로 돕기도 하고 자신들의 이익을 위해서 경쟁을 하거나 싸움을 하기도 한다. 오랜 역사가 진행되는 동안 이 지상의 패권은 지금까지 인간이 쥐고 있기 때문에 결과적으로 인간중심의 삶 위에서 역사가 흘러왔음은 부정할 수가 없다. 허정 시인은 이번 시집에서 이처럼 어긋난 세상이 보여주는 모순된 삶의 단면을 아이러니의 상상력으로 예리하게 묘파해낸다.

어느 목장에서 어린 시절을 보냈는지
형제는 몇이었는지
사랑받고 살았는지
포크와 나이프는 묻지 않는다

혀 짧은 미식가의 입맛으로
등짝에 바둑판 금을 긋고
등심의 일부를 살짝 맛본 자가
우설牛舌의 부드러움마저 읽는다

늙은 소인지
어린 소인지
출신이 어디였는지
그런 남루한 기준이 아니라
잡식성 동물의 입맛으로만

양날의 혓바닥이
꽃피는 마블링을
맹수의 식욕으로 찢어 발리는
그 달콤한 육즙의 카타르시스

─「우설牛舌의 정치학」 전문

앞에서도 언급한 바와 같이 소는 인간에게 여러 가지 측면에서 도움이 되는 동물이다. 그런데 인간이 섭취하는 음식 중에서 한우가 으뜸의 한자리를 차지하고 있다는 사실은 아이러니하다. 인간은 스테이크를 먹으면서 자신이 먹는 소가 "어느 목장에서 어린 시절을 보냈는지/ 형제는 몇이었는지/ 사랑받고 살았는지"에는 관심이 없다. 이렇듯 소에 대한 인간의 태도는 매우 이기적이고 비정하다. 시인은 이러한 인간을 '잡식성 동물'로 규정하면서 끝내는 "양날의 혓바닥이/ 꽃피는 마블링을/ 맹수의 식욕으로 찢어발기는" 맹수의 일종으로 묘사한다. 인간은 단지 소의 육즙을 즐기면서 "달콤한 육즙의 카타르시스"를 즐기면 그만인 것이다. 화자의 조금은 비정하게 느껴지는 이러한 화법은 인간중심적 사고의 잔인성을 폭로하기 위한 아이러니 화법이다. 시인이 시의 제목을 "우설牛舌의 정치학"으로 정한 것도 우연이 아니다. 여기서 '우설牛舌'은 인간의 혀와 대비되는 소의 말없는 진실성을 상대적으로 부각시키는 제목이다. 이러한 반어적 표현에는 온갖 술수에 능한 인간의 혀가 지니고 있는 허위성과 폭력성에 대한 비판이 숨어 있다.

조선 최초의 우주비행사 사도세자
쌀 뒤주 캡슐 속에서 산소마스크 없이 며칠을 버티는지

자궁 속 태아의 자세로 새우처럼 구부려 얼마나 견디는지
무중력의 공간 속에서 눈알이 튀어나올 만큼 악을 쓰고 울부짖기
대기권 밖 초고압력 뚫고 캡슐 속에서 비상 탈출 시도하기
사도세자는 혹독한 훈련 도중 낙오자가 되고 말았지
극한의 훈련을 시작한 지 일주일 만에 영조의 기대에도 불구하고
사지가 뒤틀리고 피부가 터지는 훈련을 견뎌내지 못하고
시뮬레이션 우주 캡슐 속에서 영원히 잠들고 말았지
조선 최초 우주비행사 양성프로그램은 불발로 끝나고
우주선을 타고 화성으로 날아가지 못한 사도세자
지상의 수원화성에서 명예로운 조선 최초의 우주비행사로 남겨졌지
―「조선 최초의 우주비행사」 전문

이 시의 제목을 보면 조선시대에 이미 우주비행사가 있었나 하는 엉뚱한 생각이 들다가 시를 읽어나가면서 금방 이 시가 아이러니의 관점에서 쓴 알레고리 시임을 알게 된다. 시인은 시의 초두에서 아버지 영조에 의해서 쌀 뒤주에 갇혀서 죽은 사도세자를 조선최초의 우주비행사로 비유함으로써 이 우화시를 시작한다. 사도세자가 죽은 것은 수백 년이 지난 조선시대의 일이지만, 시의 시점은 우주비행사가 있는 현재적 상황

이라는 점에서 시간적 간극이 발생한다. 시인은 이러한 간극을 화자가 사도세자를 묘사하는 과정에 발생하는 아이러니 화법으로 시에 적극 활용한다. 시인은 사도세자가 뒤주에 갇혀서 울부짖는 광경을 "무중력의 공간속에서 눈알이 튀어나올 만큼 악을 쓰고 울부짖기"로 묘사한다. 이러한 묘사는 실제로 우주비행사들이 하는 행동과는 거리가 있다는 점에서 아이러니가 발생한다. 사도세자가 갇혀 있던 뒤주를 우주선 캡슐로 비유하고 있는 것은 둘 다 어딘가에 갇혀 있다는 공통점으로 인해서 당위성을 얻게 된다. 그런데 사도세자는 뒤주에 갇힌 지 일주일 만에 불행한 최후를 맞게 된다. 시인은 이러한 상황을 "극한의 훈련을 시작한 지 일주일 만에 영조의 기대에도 불구하고/ 사지가 뒤틀리고 피부가 터지는 훈련을 견뎌내지 못하고/ 시뮬레이션 우주 캡슐 속에서 영원히 잠들고 말았지"라고 하여, 이 시를 우주적 상상력에 바탕을 둔 우화시로 전이시킨다.

아들인 내가

남자인 내가

엄마가 되어가는 중입니다

밥주걱에 묻은 밥알을 뜯어 먹으며 도시락을 쌉니다

끓어 넘치는 냄비에 찬물을 부으며 국수 면발을 삶습니다

설거지를 하면서 그릇들을 **빡빡** 문질러 화를 풀어 봅니다

싱크대 아래쪽에 감추어둔 소주병을 꺼내어 한밤중 홀짝입니다

베란다에 쭈그리고 앉아 황달 걸린 달을 쳐다보고 한숨 쉽니다

"새 빠질 놈들 다 키워봤자 아무 소용없제."

"서방 복 없는 년은 자식 복도 없다카디만."

중얼거립니다

홀짝입니다
　　　　　　ー「엄마가 되어가는 중입니다」 전문

이 시의 이면에는 시인 자신이 살면서 겪은 슬픈 서사가 자

리하고 있다. 시인의 또 다른 시 『아랫배』, 『짜장면 그리고 말 울음 소리』, 『감자 수제비』 등을 읽어보면 아버지의 외도로 아기를 밴 새엄마가 집에 들어오게 되고 이어지는 엄마의 가출 등, 혼란스런 가족사와 가난한 삶의 세목들이 상세히 기록되어 있다. 위의 예시는 이러한 가족사의 한가운데서 가출한 엄마 대신 집안일을 도맡아 해야 하는 화자 자신의 삶을 아이러니하게 보여준다. 아들인 화자 자신이 엄마가 되어간다는 설정은 그 자체가 서글픈 상황의 아이러니를 내장하고 있다. 이런 기막힌 현실을 받아들이기 어려운 화자는 설거지를 하면서 화를 풀거나 혼자 소주병을 홀짝이거나 베란다에 쭈그리고 앉아서 달을 보면서 마음을 달랜다. 그러면서 화자가 혼자 중얼거리는 "새 빠질 놈들 다 키워봤자 아무 소용없제."/ "서방 복 없는 년은 자식 복도 없다카디만."이라는 독백은 집 나간 어머니가 평소에 하던 푸념이기에 더욱 더 뼈아프게 들린다. 이렇듯 이 시는 아들과 어머니라는 서로 다른 역할 경계의 붕괴를 통해서 극적인 아이러니적 상황을 연출해내고 있다.

4. 비판적 역사인식과 종교적 상상력

지금까지 인류가 경험한 세계사의 흐름을 따라가다 보면 도처에서 질곡과 불행의 역사와 만나게 된다. 우리나라의 근 100년의 현대사만 살펴보아도 일제강점기와 해방, 남북 분단과 동족상쟁, 군부독재와 민주화운동 등 신산했던 질곡의 역사와 만나게 된다. 이번 시집의 도처에 시인의 역사의식이 드러나 있는 것은 시인 자신이 불행한 역사의 한 복판을 지나온 격동의 세대임을 말해준다. 이러한 역사적 현실과 대척점에 있는 것처럼 보이는 종교적 상상력이 시집 도처에 보이는 것은, 종교와 역사가 서로 떨어질 수 없는 관계망을 이루고 있기 때문이다.

    두 폭 병풍 너머
    가부좌를 틀고 앉은
    우리의 독재자

    쟁반을 엎어 놓은 듯
    닫혀 있는 머리 뚜껑

    에헴
    쯧쯧쯧

    귀신들과 접신을 마치고 만들어진
    대가족 연설문

    나라 꼴이 이 모냥이니

내 집안 꼴이 영 말이 아니제

밥상에서 고등어 꼬리가 될 때마다
질금거리는 우리들 오줌보

식어버린 콩나물국에
뛰어드는 활자들
　　　　　　　―「독재자의 신문」 전문

 이 시에는 가부좌를 틀고 앉아서 신문을 보면서 잘못된 세상을 비판하는 가부장적 아버지가 등장한다. 그런데 시인은 이 시의 주인공을 '독재자'로 묘사한다. 그것은 2연의 "쟁반을 엎어 놓은 듯/ 닫혀 있는 머리 뚜껑"이라는 표현에서 더욱 선명하게 전경화 된다. 자신의 생각만 전적으로 옳아서 다른 사람의 생각은 무시해도 된다는 전통적인 가부장의 모습은 3연의 "에헴/ 쯧쯧쯧"이라는 표현을 통해서 강화된다. 화자는 이러한 가부장적 가장의 말을 "귀신들과 접신을 마치고 만들어진/ 대가족 연설문"으로 규정한다. 이것은 독재자처럼 느껴지는 아버지의 말이 지극히 비현실적이라는 것을 에둘러 표현한 것이다. 이런 아버지 밑에서 숨소리조차 크게 내지 못하는 가족의 모습을 시인은 "밥상에서 고등어 꼬리가 될 때마다/ 질금거리는 우리들 오줌보"로 표현한다. '독재자의 신문'이라는 이 시의 제목에 주목하여 시를 읽으면, 이 시는 독재자처럼 보이는 가부장적 가장의 모습을 통해 독재정권과 그 하수격인 언론을 간접적으로 비판하는 시로도 읽힌다.

키토에서 암바토로 돌아오는 길목
시위 진압 중인 군인이 쏜
최루탄 가스를 흡입하지 않으려고
코와 입을 틀어막은 양말 한 켤레

암바토
노란 벽돌집 이층 옥상 위에서
침보라소 화산을 바라보며 바람에 펄럭였던
꼬레아의 깃발 같은

낯선 이국의 여행지에서 만난
긴박했던 공포와 전율의 시간

언덕 위에서 날아드는 돌멩이와
화산재처럼 터져 비산하는 최루가스에 눈물 콧물 범벅이 되어
졸지에 도망자가 된 이방인

겨우 안전지역에 와서야 알게 된

전쟁터에서 잃어버리고 온

양말 한 짝을

다른 양말 한 짝이 슬퍼하고 있음을

태평양 건너 또 한 나라

시대의 한 슬픔을 감내하고 있는

나의 양말 한 짝

그 대수롭지 않은 슬픔 한 켤레

한참을 주저하다

손에서 내려놓는다

—「이방인」 전문

  타지를 여행하다가 현실에 대한 깨달음이나 새로운 역사의식을 자각하게 되는 경우는 매우 드물다. 이 시는 화자가 남미의 서부 해안을 끼고 있는 에콰도르를 여행하다가 겪은 사건이 바탕이 되어 있다. 시의 화자는 에콰도르의 수도인 키토에서 중부도시인 암바토로 이동하다가 "언덕 위에서 날아드는 돌멩이와/ 화산재처럼 터져 비산하는 최루가스에 눈물 콧물 범벅이 되"는 시위현장을 경험하게 된다. 이런 뜻밖의 사건을 통해서 여행자인 화자는 "졸지에 도망자가 된 이방인"이 되었음을 느낀다. 화자는 급박했던 시위 현장을 가까스로 빠져나와 시위현장에서 코와 입을 틀어막기 위해 사용했던 양말 한 켤레를 잃어버렸다는 사실을 확인하게 된다. 그러면서 잃어버린 양말 한 짝이 다른 양말 한 짝을 슬퍼하고 있다는 자각에까지 이르게 된다. 이러한 사유는 급기야 잃어버린 양말 한 짝이 단순한 양말이 아니라 "태평양 건너 또 한 나라" 즉 대한민국의 잃어버린 역사임을 자각하는 데까지 나아간다. 이러한 역사인식은 단지 민족주의적 역사인식을 넘어 세계는 하나이며 서로 연결되어 있다는 글로벌리즘에 닿아 있다는 점에서 의미가 있다. 그런데 이 시의 제목은 '이방인'이다. 이러한 표현에는 여행자가 단지 에콰도르 사람이 아니라는 차원의 이방인이 아니라 역사를 외면해온 방관자로서의 이방인이라는 뼈아픈 자각이 숨어 있다.

    부처님
    부처님
    어디 계시우

    두 눈 부릅뜨고
    시주님들 절할 때 졸지 말고
    복전함 잘 감시하라 그리 일렀건만

등용문을 둘러봐도
해우소를 기웃거려 봐도 보이시질 않네

두 개의 큰 바위 사이
해탈문 지나

보리수나무에 기대어
꾸벅꾸벅 졸고 있는

푸른 삽으로 변신한 부처님 모습
두 눈으로 똑똑히 목도하였으니

―「해탈문」 전문

허정 시인의 시에는 역사의식이나 시대의식이 드러나 있는 시가 있는 반면에 그 대척점에 불교시가 자리하고 있다. 그런데 허정의 불교시들은 전적으로 불교의 교리에 순응하여 불교적 깨달음에 이르려는 시가 아니라 불교적 교리를 넘어서는 시적 상상력을 보여주고 있다는 점에서 주목된다. 그의 다른 시 「불일암 가는 길」에서 시적 화자가 "소유냐 무소유냐/ 그것이 문제로다// …(중략)…// 어떻게 살아가야 하나?/ 물욕의 잡념들로 다시 머릿속 어지러울 때/ 대나무 숲길에 이르러 그 생각을 떨쳐 버린다"는 구절에서 보듯이, 불교적 해탈의 문제는 본질적으로 소유와 욕심을 버리는 일에서 출발한다. 위의 시에서는 해탈의 한 과정으로 부처님을 만나기 위해 부처님을 찾아가는 어린 스님의 모습이 그려져 있다. 이 시에서 해탈과는 거리가 먼 두 눈 부릅뜨고 복전함을 감시하는 일을 끼워 넣은 것은, 이것을 해탈문 지나서 어린 스님이 발견한 "보리수나무에 기대어/ 꾸벅꾸벅 졸고 있는// 푸른 삽으로 변신한 부처님 모습"과 대비시켜서, 진정한 불교적 진리를 깨닫게 하려는 의도와 무관하지 않다. 여기서 '졸지 않음' 보다 '졸고 있음'에 더 큰 진리가 숨어 있다는 역설은 시인이 추구하려는 새로운 깨달음으로서의 시적 상상력이라고 말할 수 있다.

이상에서 살펴본 바와 같이 허정 시인의 시들은 대상을 새로운 눈으로 바라보는 비유적 상상력을 토대로 다양한 스펙트럼의 시세계를 펼쳐 보여주고 있다. 먼저 허정의 시는 유비적 상상력의 토대 위에서 대상과 자아가 서로 연관되어 있다는 동일성의 시학을 보여주는 시들이 많이 있다. 이런 시들은 대상에 자아의 감정을 투사해서 바라보는 정감어린 시세계를 펼쳐 보여준다. 그런가 하면 그의 시에는 죽음에 대한 자각을 일깨우는 '메멘토 모리' 정신을 바탕으로 한 배반과 일탈의 상상력이 있어서 관습적 매너리즘에 빠져 있는 인간의 어리석음을 일깨워준다. 다른 한편으로는, 어긋난 아이러니적 현실을 직시하고 예리한 직관으로 서로 어긋난 것들의 틈새를 파고드는 아이러니 시들이 돋보인다. 그 속에는 인간중심주의에 대한 비판이나 시인이 몸소 체험한 아이러니한 현실의 맹점을 파고 드는 예리한 눈이 있어서 그의 시를 더욱 빛나게 해준다. 끝으로 현실의 체험을 바탕으로 한 리얼리즘 시가 주류를 이루고 있는 허정의 시에서 통시적 공시적 차원의 역사의식이 들어 있는 시들과 불교적 교리를 뛰어 넘는 역설적 상상력을 보여주는 시를 만난 것은, 허정의 시가 그만큼 넓은 상상력의 세계를 이미 확보하고 있음을 재확인 하는 것이어서, 한층 발전적인 시세계를 지향하고 있는 허정 시인의 앞날에 기대감을 갖게 해준다.

| 허정 |

대구 출생. 중앙대학교 예술대학원 문예창작과를 수료했다.
2002년 『시와 생명』으로 등단했으며, 시집 『중고인간』이 있다.
현재 국제 펜클럽 한국본부 회원으로 활동 중이다.

이메일 : 0527ch@hanmail.net

아보카도 나무가 있는 정원 ⓒ 허정

초판 인쇄 · 2021년 10월 18일
초판 발행 · 2021년 10월 22일

지은이 · 허정
펴낸이 · 이선희
펴낸곳 · 한국문연

서울 서대문구 증가로 31길 39, 202호
출판등록 1988년 3월 3일 제3-188호
대표전화 302-2717 | 팩스 · 6442-6053
디지털 현대시 www.koreapoem.co.kr
이메일 koreapoem@hanmail.net

ISBN 978-89-6104-299-4 03810

값 10,000원

* 잘못된 책은 바꾸어 드립니다.